¡Los animales también tienen clases!

Anfibios

Jodie Mangor y Santiago Ochoa

Antes, durante y después de las actividades de lectura

Antes de la lectura: Desarrollo del conocimiento del contexto y del vocabulario académico

Las estrategias «Antes de leer» activan los conocimientos previos y establecen un propósito para la lectura. Antes de leer un libro, es importante utilizar lo que ya saben los niños acerca del tema. Esto los ayudará a desarrollar su vocabulario y a mejorar su comprensión lectora.

Preguntas y actividades para desarrollar el conocimiento del contexto:
1. Mira la portada del libro. ¿De qué crees que trata este libro?
2. ¿Qué sabes de este tema?
3. Estudiemos el índice. ¿Qué aprenderás en los capítulos del libro?
4. ¿Qué te gustaría aprender sobre este tema? ¿Crees que podrías aprenderlo en este libro? ¿Por qué sí o por qué no?

Desarrollo del vocabulario académico

El desarrollo del vocabulario académico es fundamental para comprender el contenido de las asignaturas. Ayude a su hijo o a sus alumnos a entender el significado de las siguientes palabras del vocabulario.

Vocabulario de contenido por área

Lee la lista de palabras. ¿Qué significa cada palabra?

- carnívoros
- condiciones
- excavar
- larvas
- metamorfosis
- tentáculos
- toxina
- vertebrados

Durante la lectura: Componente de escritura

Las estrategias «Durante la lectura» ayudan a establecer conexiones, a monitorear la comprensión, a generar preguntas y a mantener la concentración.
1. Mientras lees, escribe en tu diario de lectura cualquier pregunta que tengas o cualquier cosa que no entiendas.
2. Después de completar cada capítulo, escribe un resumen de este en tu diario de lectura.
3. Mientras lees, establece conexiones con el texto y escríbelas en tu diario de lectura.
   a) Texto para sí mismo: ¿Qué me recuerda esto en mi vida? ¿Cuáles fueron mis sentimientos cuando leí esto?
   b) Texto a texto: ¿Qué me recuerda esto de otro libro que haya leído? ¿En qué se diferencia de otros libros que he leído?
   c) Texto al mundo: ¿Qué me recuerda esto del mundo real? ¿He oído hablar de esto antes? (noticias, actualidad, escuela, etc...).

Después de la lectura: Comprensión y actividad de extensión

Las estrategias «Después de la lectura» ofrecen la oportunidad de resumir, preguntar, reflexionar, discutir y responder al texto. Después de leer el libro, trabaje con su hijo o sus alumnos las siguientes preguntas para comprobar su nivel de comprensión lectora y su dominio del contenido.
1. ¿Cuáles son algunas cosas que tienen en común los anfibios? (Resume).
2. ¿Por qué sabemos menos sobre las cecilias que sobre otros tipos de anfibios? (Infiere).
3. ¿Dónde viven los anfibios? (Responde las preguntas).
4. ¿Qué anfibios viven cerca de ti? (Conexión texto para sí mismo).

Actividad de extensión

Elige de tres a cinco anfibios por los que sientas curiosidad. Averigua más sobre ellos. Imagina que eres un científico. Divide los anfibios en dos o más grupos en función de las diferencias entre ellos. Explica tu sistema de clasificación a un amigo.

Índice

rana toro

¡Clasifiquemos!

Mira este animal. ¿Qué es? ¿Cómo lo sabes?

Las ranas tienen muchas formas y tamaños. Pero todas comparten ciertos rasgos, como sus largas patas traseras y sus grandes ojos.

Los científicos agrupan a los animales y a otros seres vivos por lo que tienen en común. Esto se llama clasificación. Nos ayuda a identificar y comprender todo tipo de seres vivos.

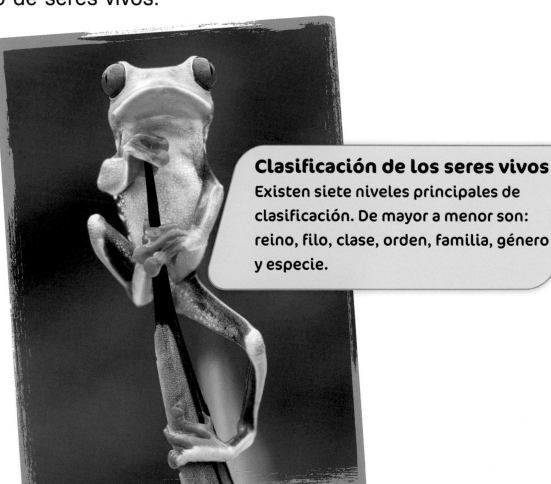

Clasificación de los seres vivos
Existen siete niveles principales de clasificación. De mayor a menor son: reino, filo, clase, orden, familia, género y especie.

Los animales pueden ser agrupados en diferentes niveles. Los grupos que se basan en tener una o dos cosas en común son muy grandes. Estos grandes grupos pueden dividirse en grupos cada vez más pequeños. Los grupos más pequeños solo tienen un tipo de animal en ellos.

Grupos de animales

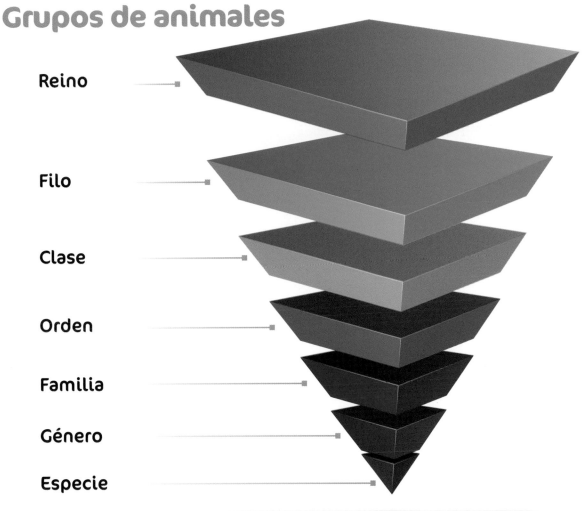

Reino

Filo

Clase

Orden

Familia

Género

Especie

Taxonomía

La ciencia de ordenar, describir y clasificar los seres vivos se llama taxonomía. Fue desarrollada por primera vez por un científico llamado Carlos Linneo.

Carlos Linneo (1707–1778)

Los científicos agrupan todos los seres vivos en reinos. Los animales forman un reino.

Las ranas forman parte del reino animal.

Cada reino se divide en grupos más pequeños. Cada uno de estos grupos más pequeños se llama filo. Las ranas y otros **vertebrados** están en el mismo filo. El filo está dividido en clases. Las clases son peces, reptiles, aves, mamíferos y anfibios.

Los anfibios son diferentes de los animales de las otras clases. No tienen escamas, plumas ni pelo.

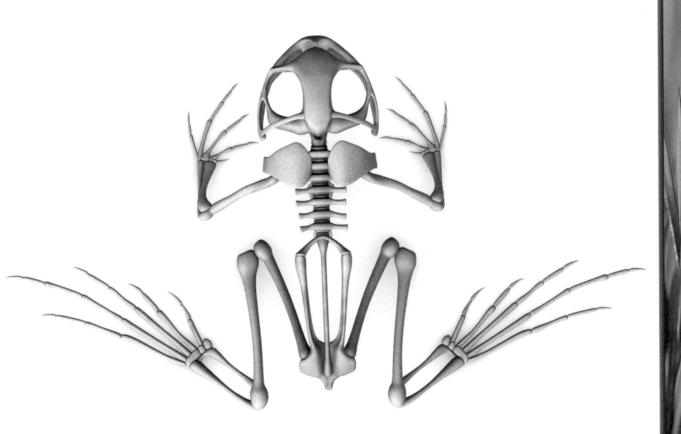

Los animales con columna vertebral se llaman vertebrados Pertenecen al filo Chordata.

Hay más de 7800 tipos de anfibios. Todos los anfibios tienen ciertas cosas en común. Todos pasan por una **metamorfosis**. Se trata de una serie de cambios en sus cuerpos. Esto los transforma en adultos.

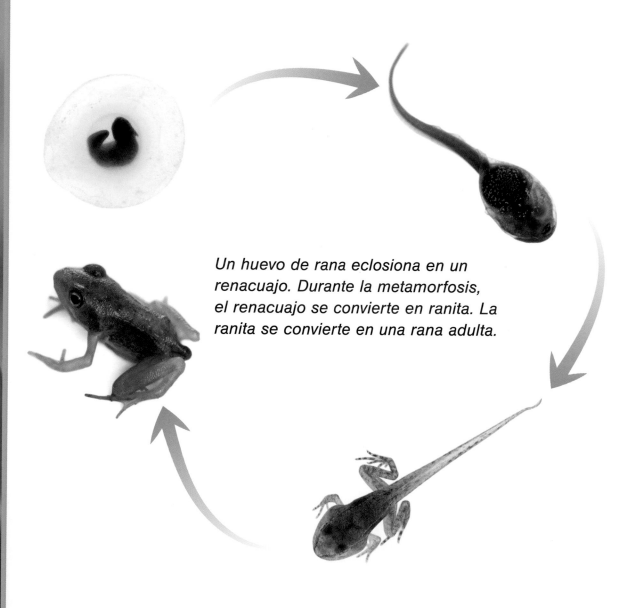

Un huevo de rana eclosiona en un renacuajo. Durante la metamorfosis, el renacuajo se convierte en ranita. La ranita se convierte en una rana adulta.

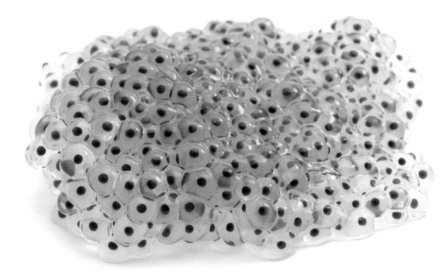

Muchas ranas ponen sus huevos en racimos llamados huevas.

Todos los anfibios son de sangre fría. Esto significa que su temperatura corporal depende del entorno. Los anfibios ponen huevos sin cáscara. Y todos los adultos son **carnívoros**.

Respira profundo

La mayoría de los anfibios tienen una piel suave y resbaladiza. Muchos anfibios pueden respirar a través de la piel. Muchos también tienen pulmones.

La mayoría de los anfibios viven parte de su vida en el agua y parte en la tierra.

Los anfibios se encuentran en casi todo el mundo. La mayoría vive en agua dulce o cerca de ella. Esto incluye lagos, arroyos, estanques, pantanos y cuevas húmedas. Algunos viven en bosques, montañas o incluso desiertos.

La mayoría de los anfibios ponen sus huevos en el agua para evitar que se sequen.

Si hace demasiado calor o demasiado frío, los anfibios se vuelven inactivos. Permanecen así hasta que las **condiciones** mejoran.

Un lugar donde los anfibios no pueden vivir es en el agua salada del océano.

Algunas ranas pueden sobrevivir a la congelación y descongelación.

Crecimiento rápido

Los sapos pata de pala ponen sus huevos cuando llueve. Los renacuajos se convierten en adultos en solo siete días, antes de que el agua de la lluvia se seque.

Ranas y sapos

Hay tres grupos principales de anfibios. Estos grupos se denominan órdenes. Las ranas y los sapos constituyen uno de estos órdenes. Las ranas y los sapos tienen cuerpos cortos, cabezas grandes y ojos grandes. Sus patas traseras son fuertes y palmeadas.

Sapo americano

La mayoría de las ranas cantan para atraer a su pareja. Los machos y las hembras se reúnen en los estanques en primavera. Las hembras ponen grupos de huevos. Las **larvas** de rana se llaman renacuajos. Viven en el agua y se alimentan de plantas. Los adultos suelen vivir en tierra. Pueden comer insectos, arañas, caracoles, ratones o incluso pequeños pájaros.

Hora de comer

La mayoría de las ranas tienen lenguas largas y pegajosas para atrapar a sus presas. Se tragan a sus presas enteras.

Un sapo es un tipo de rana. Los sapos son diferentes de otras ranas. La mayoría de las ranas tienen dientes superiores. Los sapos no tienen dientes. Sus patas traseras son más cortas. Son menos activos. Su piel es seca y viven en la tierra.

En primavera, los sapos viajan a los estanques para reproducirse.

Los sapos tienden a poner huevos en largas cadenas antes que en racimos. Algunos dan a luz a crías vivas.

glándula parótida

El sapo de caña tiene glándulas venenosas detrás de los oídos.

Piel tóxica

Muchos sapos tienen glándulas en su piel que producen una **toxina**. Si otro animal come un poco de esa toxina, puede enfermar o morir.

Salamandras y tritones

Las salamandras y los tritones constituyen otro orden de anfibios. Todos tienen la cola larga. La mayoría tiene cuatro patas cortas. La mayoría de los adultos viven en tierra. Pero algunos viven en el agua. Muchas salamandras están activas en la noche.

salamandra común

tritón de los Cárpatos

Al igual que otros anfibios, las salamandras realizan parte de su respiración a través de la piel. ¡Más de 400 especies de salamandras no tienen pulmones!

Algunos tipos de salamandras no ponen huevos. En su lugar, dan a luz a larvas.

Las salamandras del noroeste adhieren sus huevos a las hojas de hierba del estanque.

Más grandes que tú

La salamandra gigante china es el anfibio más grande del mundo. Puede llegar a medir casi 6 pies (2 metros) de largo.

Los tritones son un tipo de salamandra. Los tritones adultos viven en el agua. La mayoría tiene las patas palmeadas. Una cola en forma de pala les ayuda a nadar.

Los tritones alpinos salvajes pueden vivir hasta 20 años.

En peligro

Cerca de un tercio de los anfibios del mundo corren el riesgo de desaparecer. Las principales causas son el cambio climático, la contaminación y las enfermedades.

Las salamandras salen de sus escondites para cazar a sus presas.

Esto los diferencia de otras salamandras. Otras salamandras adultas viven principalmente en tierra. Tienen dedos para cavar. Su cola es más larga y redondeada. Los tritones no son venenosos. Pasan el tiempo en tierra.

Este joven tritón oriental volverá al agua cuando sea adulto.

Cecilias

Las cecilias son el tercer orden de anfibios. No tienen patas. Su cuerpo es largo y tiene forma de serpiente. La mayoría vive bajo tierra. Tienen cabezas duras que les ayudan a **excavar**. No ven bien y no oyen. Tienen dos **tentáculos** que les ayudan a percibir su entorno. La mayoría de las cecilias tienen dientes en forma de aguja.

Hay unos 160 tipos de cecilias. Viven en los trópicos de África, Asia del Sur y América del Sur. Rara vez salen a la superficie. Por eso son difíciles de estudiar.

cecilia

Clasificación de caramelos

¡Usa caramelos para crear tu propio sistema de clasificación!

¿Qué necesitas?

tarjetas

cuerda

cinta adhesiva

una bolsa con seis o diez tipos de caramelos

Instrucciones

1. Observa los diferentes tipos de caramelos que hay en la bolsa. Elige una característica para dividir los caramelos en dos grupos más pequeños. Por ejemplo, ¿los caramelos son duros o no?
2. Utiliza las tarjetas y etiqueta un grupo «duro» y el otro «no es duro».
3. Ahora mira el grupo de caramelos duros. ¿Cuál es otra característica que puedes utilizar para dividir este grupo en dos grupos más pequeños? Etiqueta cada grupo con una tarjeta y conecta cada una de estas nuevas fichas con la anterior usando hilo y cinta adhesiva.
4. Sigue dividiendo los caramelos en grupos cada vez más pequeños, una característica por vez. Etiqueta cada nivel, utilizando la cuerda para mostrar de dónde proceden los grupos más pequeños.
5. Sigue así hasta que tengas montones con un solo tipo de caramelo en cada uno.
6. Cuando hayas terminado, dale un caramelo a un amigo y comprueba si puede clasificarlo utilizando tus tarjetas.

Glosario

carnívoros: Animales que comen carne.

condiciones: El estado general de las cosas.

excavar: Cavar un túnel o agujero.

larvas: Animales recién salidos del cascarón que tienen una forma muy diferente a la de sus padres.

metamorfosis: Serie de cambios que sufren algunos animales al convertirse en adultos.

tentáculos: Extremidades flexibles de algunos animales, que sirven para palpar cosas.

toxina: Sustancia venenosa.

vertebrados: Animales que tienen columna vertebral.

Índice alfabético

Demuestra lo que sabes

1. Nombra los tres principales grupos de anfibios.

2. ¿Qué tienen en común las ranas y las salamandras?

3. ¿En qué se diferencian las ranas y las salamandras?

4. ¿Por qué los científicos clasifican los seres vivos?

5. ¿A qué reino pertenecen los anfibios?

Lecturas adicionales (en inglés)

Royston, Angela, *Amphibians (Animal Classifications)*, Heinemann, 2015.

Lee, Sally, *Amphibians: A 4D Book (Little Zoologist)*, Pebble, 2018.

Berne, Emma Carlson, *Amphibians (My First Animal Kingdom Encyclopedias)*, Capstone Press, 2017.

Acerca de la autora

Jodie Mangor escribe artículos de revista y libros para niños. También es autora de guiones para audioguías de museos de alto nivel y de destinos turísticos en todo el mundo. Muchas de esas guías turísticas son para niños. Vive en Ithaca, Nueva York, con su familia.

© 2023 Rourke Educational Media

www.rourkebooks.com

PHOTO CREDITS: Cover & Title Page ©Wel_nofri; Border bgfoto; Pg 3 ©ivkuzmin; Pg 4 ©Mark Kostich; Pg 5 ©wiki, ©Ivcandy; Pg 6 ©VvoeVale, ©Techin24: Pg 7 ©3drenderings; Pg 8 ©GlobalP; Pg 9 ©GlobalP; Pg 10 ©balipadma, Pg 11 ©marefoto, ©Wirepec; Pg 12 ©inhauscreative; Pg 13 ©MediaProduction; Pg 14 ©RolfAasa; Pg 15 ©Froggydarb; Pg 16 ©GlobalP, ©VitalisG; Pg 17 ©lisad1724; Pg 18 ©CreativeNature_nl, ©vectorplusb; Pg 19 ©Cristo Vlahos, ©popovaphoto; Pg 20 ©Hailshadow, Pg 22 ©GlobalP

Editado por: Laura Malay
Diseño de la tapa e interior: Kathy Walsh
Traducción: Santiago Ochoa

Library of Congress PCN Data

Anfibios / Jodie Mangor
(¡Los animales también tienen clases!)
  ISBN 978-1-73165-456-4 (hard cover)
  ISBN 978-1-73165-507-3 (soft cover)
  ISBN 978-1-73165-540-0 (e-book)
  ISBN 978-1-73165-573-8 (e-pub)
Library of Congress Control Number: 2022941045

Rourke Educational Media
Printed in the United States of America
01-0372311937